LE PIÙ LEGGENDE GIAPPONESI

Leggende e creature leggendarie dal Giappone

di Roberta Merli

Copyright - 2017 Roberta Merli

Tutti i diritti riservati

Sommario

Introduzione

Capitolo 1

SPIRITI E FANTASMI

    Dodomeki

    Futakuchi-onna

    Hinnagami

    Hone-onna

    Hoichi senza orecchie

    Funayurei

    Okiku

    Rokurokubi

    Yuki-onna

Capitolo 2

CREATURE SOPRANNATURALI O DEMONI

    Bakeneko

    Jorogumo

    Kamaitachi

    Kappa

    Kitsune

    Mujina

    Nure Onna

    Oni

    Tengu

Capitolo 3

ALTRE LEGGENDE

    La campana e il Karma

    La Dama Bianca e La Dama Gialla

    Lo specchio e la campana

    La farfalla bianca

      Fonti:

Illustrazioni:

Introduzione

Il Giappone è un paese ricco di storia, cultura e folclore che esercita spesso un grande fascino sul mondo Occidentale. Da secoli il folclore giapponese fa parte della vita quotidiana dei suoi abitanti ed è caratterizzato soprattutto da racconti che hanno per protagonisti spiriti, demoni e mostri. Religione e miti si fondono in racconti che affondano le loro radici in secoli di storia e nelle zone più rurali del paese. Anche l'era moderna, tuttavia, ha visto nascere dei racconti tramandati oralmente e, più recentemente, tramite internet. Questi racconti sono diventati leggende metropolitane e servono ad esorcizzare le paure più recondite dell'uomo moderno. A volte sono semplicemente degli adattamenti - o forse sarebbe meglio dire evoluzioni? - dei racconti della tradizione popolare.

In questo e-book troverai diversi *kaidan* (letteralmente "storie di fantasmi" o "storie del terrore", specialmente del periodo Edo -1603 – 1868-) e racconti del folclore giapponese. Oltre ai *kaidan* ci saranno le descrizioni di alcuni esseri del folclore giapponese che non sono legati a nessuna leggenda particolare, ma che popolano l'immaginario giapponese.

Capitolo 1

SPIRITI E FANTASMI

In questo capitolo saranno presenti le descrizioni di alcuni spiriti giapponesi, dei quali potrai scoprire le storie attraverso le leggende che da secoli popolano il folclore giapponese.

Dodomeki

I dodomeki sono degli spiriti in cui si trasformano le donne che hanno il vizio di rubare denaro. Alle donne che commettono questo reato si allungano le braccia, sulle quali spuntano anche decine e decine di piccoli occhi, come quelli degli uccellini.

Da notare che la descrizione è un po' un gioco di parole: in Giappone si usa dire "avere le braccia lunghe" per descrivere qualcuno dedito al furto. Inoltre, in passato, le monete di rame presentavano un buco nel mezzo, che somigliava all'occhio di un uccellino. Proprio per questo quella moneta era anche conosciuta come *chomoku* (occhio di uccello).

Futakuchi-onna

Se una donna mangia troppo poco, potrebbe trasformarsi in una futakuchi-onna. Caratteristica principale di questo spirito è la presenza di una seconda bocca sulla nuca, nascosta dai capelli.

Se la donna non si nutrirà abbastanza, la seconda bocca inizierà a chiedere cibo e i capelli inizieranno ad avere vita propria e ad avere la funzione di tentacoli con i quali afferrare il cibo per portarlo alla bocca presente dietro la testa.

Questa seconda bocca, oltre a mangiare, fa commenti inappropriati, emettendo a volte suoni molesti.

Una fra le leggende più conosciute sulla futakuchi-onna racconta che tanto tempo fa viveva un uomo talmente avaro da non prendere moglie per non dover pagare del cibo extra da darle.

Un giorno l'uomo conobbe una donna che non mangiava mai, ma che lavorava sodo. Incredulo di fronte a tanta fortuna, la sposò. Presto però iniziò a notare che, nonostante la donna non mangiasse mai, le sue scorte di riso andavano assottigliandosi.

Decise allora un giorno di fingere di andare al lavoro, nascondendosi invece per spiare la moglie. Con suo grande orrore, vide i capelli della donna separarsi, andando a scoprire una bocca sulla sua nuca. I capelli iniziarono poi ad afferrare il riso e a portarlo alla seconda bocca della moglie.

La moglie si accorse di esser spiata e rinchiuse suo marito in una botte, trasportandolo sulle montagne. L'avaro però riuscì a scappare in un campo, dove la futakuchi-onna non riuscì più a trovarlo.

Hinnagami

Gli Hinnagami sono degli spiriti che vivono all'interno delle bambole, tipici della prefettura Toyama.

In Giappone le bambole erano molto importanti e, una volta diventate vecchie o rotte, non venivano buttate nella spazzatura. Secondo la tradizione, all'interno di una bambola vecchia è comunque presente un'anima e non ci si sbarazzava del giocattolo: invece, lo si poneva con molto rispetto in un altare dedicato al dio Kojin.

Le bambole hanno persino una festa che cade il 3 marzo e si chiama Hinamatsuri. Questa festa è conosciuta sia come festa delle bambole che come festa delle bambine perché, durante questa celebrazione, i genitori delle bambine chiedono per le loro figlie bellezza e salute. Le bambole, in questo caso, fungerebbero da portafortuna, assorbendo la sfortuna delle bambine presenti. Questa tradizione viene proprio dall'antica credenza che ogni bambola contenesse uno spirito malvagio.

Gli hinnagami sono spiriti custoditi all'interno delle bambole che concedono dei desideri alle famiglie che le possiedono. Dopo avere esaudito una richiesta, la bambola chiederà quale sarà la prossima e continuerà a farlo, sempre più insistentemente. Questo attaccamento alla persona che possiede la bambola deriva dall'avarizia dell'essere umano. Tanto più una persona chiederà alla bambola, tanto più questa si attaccherà al proprio padrone. Questo legame diventerà talmente forte che le bambole seguiranno i loro padroni anche dopo la morte, tormentandoli anche all'inferno.

Hone-onna

Hone-onna significa "donna delle ossa" (scheletro) ed è apparsa per la prima volta nel Botan Doro, una storia presa e tradotta da un libro cinese che è poi diventata molto apprezzata e famosa in Giappone. Questo è uno dei *kaidan* più famosi in Giappone e ne esistono due versioni che riporterò di seguito.

Versione Otogi Boko

Durante la prima notte di Odon (tradizione buddista in cui si onorano gli spiriti degli antenati), una donna e una ragazza con una lanterna passeggiavano vicino alla casa di un samurai vedovo, Ogiwara Shinnojo. Il samurai si innamorò della donna, Otsuyu, e le giurò amore eterno.

Da quel giorno in poi la donna e la ragazza fecero visita al samurai al tramonto per poi andarsene all'alba. Uno dei vicini di Ogiwara si insospettì del via vai e una notte decise di spiare il samurai da una finestra: con orrore scoprì che l'uomo si trovava a letto con uno scheletro.

Il vicino raccontò tutto a un monaco, il quale spiegò che il samurai si trovava in pericolo. Mise un talismano in casa di Ogiwara e gli spiegò che se voleva avere salva la vita avrebbe dovuto resistere al fascino di quello che lui vedeva come una splendida donna.

La misteriosa donna non poté più entrare in casa di Ogiwara, ma l'uomo non riuscì a resistere ed uscì per incontrarla. La donna lo portò in casa sua, una tomba in un tempio.

La mattina seguente l'uomo venne ritrovato, senza vita, intrecciato ad uno scheletro.

Versione kabuki (tipico teatro giapponese)

Uno studente, Saburo, si innamorò della giovane Otsuyu, la figlia del migliore amico di suo padre. I due si incontravano in segreto e si promettevano sempre di sposarsi. Un giorno però Saburo si ammalò e non vide Otsuyu per diverso tempo.

Quando la sua salute migliorò corse a cercare il suo amore, ma purtroppo la sua famiglia lo informò che la ragazza era morta. Sconfortato, durante l'Obon, pregò per lo spirito della giovane e rimase estremamente sorpreso, ma felice, quando, dopo aver sentito dei passi, vide avvicinarsi Otsuyu e la sua domestica.

Otsuyu spiegò a Saburo che la sua famiglia era contraria al loro amore, per questo a lei era stato detto che Saburo era morto e al giovane era stato detto che era Otsuyu ad essere morta.

I due innamorati decisero di vedersi in segreto, di notte, ma durante uno dei loro incontri una delle domestiche di Saburo spiò nella sua camera, vedendo il suo padrone giacere con un cadavere putrescente, mentre poco lontano uno scheletro rimaneva seduto con una lanterna in mano.

Subito allertò un monaco buddista, che mise un talismano in casa e pregò per Saburo, convincendolo della triste realtà. Saburo smise di vedere lo spirito di Otsuyu, nonostante questo continuasse ad apparire fuori casa sua.

Dato che non poteva più vedere la sua amata, Saburo iniziò a deperire. La sua domestica, temendo che morisse e che la lasciasse senza lavoro, tolse il talismano dalla casa, pensando che l'amore gli potesse ridare la forza.

Saburo giacque di nuovo con lo spirito di Otsuyu e il giorno seguente il suo corpo senza vita venne ritrovato abbracciato allo scheletro della ragazza. Nel viso di Saburo però si leggeva pace e felicità.

Hoichi senza orecchie

Hoichi era un cantore cieco specializzato nell'uso del biwa, il liuto giapponese, talmente bravo che persino i goblin erano commossi dalle sue interpretazioni.

Hoichi era molto povero e viveva come ospite del monaco del tempio di Amidaji, un suo amico. Un giorno il monaco dovette assentarsi dal monastero per celebrare una cerimonia e lasciò Hoichi da solo.

Il cantore, la stessa notte, venne avvicinato da un uomo che si qualificò come samurai e che lo invitò a suonare per il suo padrone. Hoichi venne condotto alla casa del nobile, dove interpretò *Heike Monogatari*, un racconto epico.

Alla fine della sua esibizione, tutti i presenti erano commossi e lodarono apertamente Hoichi. Il samurai lo accompagnò al monastero, ma lo informò che il suo padrone stava viaggiando in incognito e dunque non avrebbe dovuto fare parola con nessuno della sua esibizione.

La notte seguente il samurai si ripresentò da Hoichi e di nuovo lo portò dal suo padrone. Questa volta però il monaco si accorse della sua scomparsa e ordinò ai suoi servi di seguire Hoichi la notte seguente.

Quando anche la notte seguente il samurai si ripresentò, i servi seguirono Hoichi e lo trovarono a suonare il suo biwa nel mezzo di un cimitero. Lo riportarono subito al tempio, dove Hoichi spiegò cosa gli fosse successo nelle notti precedenti.

Il monaco capì che Hoichi era stato stregato dai fantasmi e per proteggerlo dipinse dei kanji sacri sul suo corpo; poi gli disse che quando quella notte i fantasmi sarebbero venuti a cercarlo, lui sarebbe dovuto rimanere immobile e in completo silenzio.

Anche quella notte i fantasmi arrivarono, ma Hoichi non rispose. Il fantasma del samurai, adirato, notò che solo le orecchie di Hoichi erano visibili, mentre tutto il resto del suo corpo era invisibile. L'invisibilità gli era stata data dai kanji dipinti dal monaco, che però si era scordato di dipingerli sulle orecchie del cantore.

Il fantasma del samurai, furente, prese la sua spada e tagliò le orecchie di Hoichi, che però rimase paralizzato dalla paura nonostante il sangue che sgorgava dalle orecchie.

Il monaco tornò a controllare Hoichi e si rese conto della terribile dimenticanza. Il cantore però si recuperò e, finalmente libero dai fantasmi, diventò un cantore di successo.

Funayurei

Funayurei significa "spirito delle navi" e sono gli spiriti di tutte quelle persone che sono morte in mare. Si dice che usino degli hishaku (mestoli giapponesi in legno) per riempire le barche di acqua e farle affondare, con l'obiettivo di fare annegare gli umani per farli diventare a loro volta funayurei.

Questi spiriti si manifestano come fantasmi che appaiono sul pelo dell'acqua; a volte invece si vedono a bordo di navi fantasma oppure si presentano sottoforma di una nave fantasma. Le leggende che hanno per protagonisti i funayurei hanno luogo principalmente in mare, tuttavia sono stati descritti anche in fiumi, laghi e stagni.

I funayurei appaiono di solito nelle notti piovose, con nebbia o nelle notti di luna piena e hanno diverse modalità di attacco. Possono far riempire la nave di acqua, facendola affondare, ma possono anche spingere l'equipaggio a suicidarsi tramite impiccagione. A volte accendono dei fuochi in mezzo al mare per far sì che le navi lo scambino con uno dei fuochi accesi a riva nelle giornate di cattivo tempo proprio per aiutare i marinai. Una volta che la nave si avvicina al fuoco, viene inghiottita dal mare. Cercare di cambiare direzione quando si vedono dei funayurei è inutile, dato che questi farebbero girare la nave dirigendola verso di loro.

Alcuni metodi usati per proteggersi dai funayurei sono lanciare delle provviste in acqua, in modo che gli spiriti affamati decidano di seguire il cibo piuttosto che gli umani, oppure preparare degli hishaku o dei barili senza fondo.

Okiku

La storia di Okiku è conosciuta in Giappone come Bancho Sarayashiki o Bancho Sarayashi che significa "La casa dei piatti a Bancho".

È uno fra i *kaidan* più conosciuti ed è alla base del romanzo "Ringu", da cui è stato tratto il film giapponese e poi il remake statunitense "The Ring". La leggenda racconta di una ragazza che viene gettata in un pozzo e muore, tornando poi come spirito per tormentare chi l'ha uccisa.

La leggenda di Okiku

La storia riguarda una ragazza di nome Okiku, ma l'origine del racconto rimane sconosciuta. La prima menzione scritta è quella del 1741, con il nome di Bancho Sarayashiki, per una rappresentazione teatrale. Essendo una leggenda molto conosciuta ne sono state create molte versioni e molti adattamenti, ma di seguito riporterò per prima la versione tradizionale.

Okiku era una ragazza molto bella che lavorava come serva per la famiglia del samurai Aoyama Tessen. Il samurai faceva spesso delle avances sessuali ad Okiku, ma la ragazza le aveva sempre rifiutate. Un giorno, quindi, Aoyama decise di nascondere uno dei 10 piatti di porcellana della famiglia, accusando Okiku di averlo perso. Perdere o rompere un piatto così importante era punibile con la morte e quando Okiku venne a sapere del pezzo mancante si precipitò a contare i piatti, sicura di non averne rotto nessuno. Li contò e ricontò freneticamente, ma i piatti erano sempre nove. Il samurai le propose allora un accordo: le avrebbe perdonato la vita, ma lei avrebbe dovuto diventare la sua amante. Okiku rifiutò e il samurai, colmo di rabbia, la scaraventò in un pozzo, uccidendola. Okiku divenne così uno spirito vendicativo (*onryo*) che tormentò il suo assassino contando dall'uno fino al nove e poi emettendo un grido agghiacciante che rappresentava il piatto mancante. O forse, tormentata, era ancora in cerca del decimo piatto.

In alcune versioni lo spirito sarebbe stato esorcizzato gridando "dieci!" dopo che lo spirito aveva contato fino a nove. Okiku avrebbe così pensato che il decimo piatto era stato ritrovato potendo così riposare in pace.

Versione Ningyo Joruri

Hosokawa Katsumoto era lo Shogun del castello Himeji e un giorno si ammalò gravemente. L'erede avrebbe dovuto essere Tomonosuke che pensò di regalare 10 preziosi piatti a Katsumoto per garantirsi la successione. Un altro dei possibili eredi però, Asayama Tetsuzan, saputo del regalo del suo rivale volle sabotargli il piano e obbligò la promessa sposa del suo servo, Okiku, ad aiutarlo. Tetsuzan assoldò una spia per vedere dove erano riposti i piatti e gli ordinò di rubarne uno. Gli diede poi l'ordine di portare i restanti nove nelle sue stanze. Qui Tetsuzan chiamò Okiku e cercò di sedurla ma al suo rifiuto l'accusò di avere rubato uno dei piatti. Le propose allora di diventare la sua amante per salvarsi la vita ma Okiku rifiutò. Adirato, Tetsuzan la picchiò con una spada di legno. Successivamente la fece sospendere sopra un pozzo dove, per mezzo di una carrucola la faceva scendere e risalire, picchiandola con la spada di legno ogni volta che risaliva. Le chiese di nuovo di essere la sua amante e di aiutarlo a uccidere lo Shogun, ma al suo ulteriore rifiuto la fece precipitare nel pozzo, uccidendola. Poco dopo sentì provenire dal fondo del pozzo una voce che contava i piatti e si rese conto che era il fantasma di Okiku. Per niente commosso, quando vede il fantasma di Okiku apparirgli davanti si limitò a fissarlo.

Versione Okamoto Kido

Nel 1655 un vassallo dello shogun, Aoyama Harima, si innamorò di una giovane serva di nome Okiku. Aoyama le promise di sposarla e quando ricevette una proposta di matrimonio da una ricca parente la rifiutò, rassicurando Okiku del suo amore per lei. La ragazza però non era convinta e lo sottopose ad una prova d'amore. Prese uno degli antichi e preziosi piatti della famiglia di Aoyama e lo ruppe. La famiglia, essendo affezionata a Okiku e pensando ad un errore della ragazza, la perdonò ma lei ammise di averlo fatto apposta come test d'amore. Aoyama si infuriò e la uccise, buttandone il corpo in un pozzo. Da allora il fantasma di Okiku venne visto entrare in casa e contare i piatti dall'uno al nove. Un giorno Aoyama vide il fantasma in giardino e vide che la sua espressione non era vendicativa, ma calma e bella. Decise allora di uccidersi tramite seppuku e raggiungere la sua amata nell'aldilà.

Okiku. Stampa ukiyo-e di Hokusai.

Rokurokubi

Il rokurokubi è uno spirito esattamente uguale a una donna. Tuttavia di notte il suo collo si allunga a dismisura, andandosene a spasso per attaccare piccoli animali o spaventare qualche umano.

Esiste una versione precedente al rokurokubi, chiamata nukekubi, ed è uno spirito la cui testa si separa dal corpo in seguito a dei crimini terribili. Le immagini di un nukekubi venivano rappresentate sui libri, a volte, con una linea che univa la testa al corpo. Si pensa che quella linea sia stata spesso ed erroneamente interpretata come il collo allungato e sarebbe stato proprio questo errore a far sorgere l'immagine, in seguito, del rokurokubi.

Si dice che una persona venga trasformata in rokurokubi dopo che un crimine terribile è stato commesso. Tuttavia, spesso la donna trasformata in rokurokubi non è la responsabile del crimine, ma solo una vittima e la seguente leggenda ne è un esempio:

Il monaco e Oyotsu

Molto tempo fa, un monaco era scappato con la sua amata, una giovane di nome Oyotsu. Durante il viaggio però Oyotsu si ammalò molto e il monaco, non volendo spendere soldi per curarla, la uccise rubandole quel poco denaro che aveva.

L'uomo si diresse poi a una locanda per passare la notte. La figlia del locandiere era una giovane molto bella e il monaco quella notte dormì con lei. Mentre la giovane dormiva, il monaco vide che il suo collo si allungò a dismisura e che la sua faccia si era trasformata in quella di Oyotsu.

La mattina seguente, scosso, confessò l'omicidio al locandiere e gli raccontò cosa era successo con la figlia. L'uomo rispose tristemente che sapeva benissimo cosa le succedesse ogni notte.

Il locandiere confessò al monaco che anche lui aveva ucciso sua moglie per ereditare i suoi soldi e come punizione sua figlia era stata trasformata in un rokurokubi.

Il monaco tornò al suo tempio dove seppellì Oyotsu e dove pregò per la sua anima ogni giorno fino alla sua morte.

Rokurokubi. Stampa di Hokusai

Yuki-onna

L'origine della storia della yuki-onna (la donna della neve) ha origini molto antiche. Non si sa con esattezza quando si originò, ma si hanno testimonianze scritte a partire dal periodo Muromachi (1336-1573) da parte del poeta Sogi, vissuto dal 1421 al 1502.

La yuki-onna è descritta come una donna molto bella, dalla pelle estremamente chiara, dai lunghi capelli neri e dai penetranti occhi viola. Le sue apparizioni avvengono in montagna o nelle giornate di neve.

Ci sono varie leggende che la vedono protagonista e qui di seguito riporterò le due più conosciute.

Versione della Prefettura Yamagata

La leggenda racconta che la yuki-onna era una donna che cercava riparo da una tormenta di neve, di notte. Chiese di entrare nella casa di una coppia di anziani o, in alcune versioni, in una locanda gestita da una coppia di anziani. Una volta entrata la donna si scaldò vicino al camino, poi si diresse verso la porta per andarsene. L'anziano la pregò di fermarsi e le prese la mano per fermarla; notò così che la mano della donna era estremamente fredda, tanto da provocare nell'uomo violenti brividi. Poi, la donna si trasformò in un vortice di neve che se ne andò attraverso il camino.

Versione della Prefettura di Niigata

In questa versione, la yuki-onna si sposò con un umano. Lo amava e lo assecondava in tutto e per tutto, tranne in una cosa: di rilassarsi in una vasca di acqua calda la sera (pratica a tutt'oggi molto usata dai giapponesi). Una sera l'uomo si impuntò ed pretese che la donna entrasse nella vasca. La yuki-onna obbedì, ma quando il marito tornò a controllare come si stesse trovando la moglie, trovò dei pezzi di ghiaccio semi sciolti che galleggiavano nell'acqua.

Versione di Lafcadio Hearn

In questa versione i protagonisti sono due taglialegna, Minokichi, il più giovane, e Mosaku, il più anziano.

Un giorno d'inverno, a causa di una tormenta di neve, i due taglialegna non riuscirono a tornare a casa e decisero di passare la notte in una baita abbandonata. Durante la notte, Mosaku si svegliò e trovò davanti a lui una bellissima donna, giovane e pallida. La donna soffiò su Mosaku e questi morì congelato. La donna si avvicinò a Minokichi per riservargli la stessa sorte, ma vedendolo così giovane e bello decise di risparmiargli la vita, ammonendolo: se dovesse raccontare a qualcuno di quell'incidente, lei tornerà per ucciderlo.

Minokichi tornò quindi alla sua vita di sempre e un giorno incontrò una giovane di nome Oyuki, di cui si innamorò e che sposò. I due vissero felici ed ebbero molti figli. Oyuki però, sembrava non invecchiare mai. Una sera Minokichi le confessò che la sua bellezza gli ricordava uno strano episodio accadutogli anni prima. Dopo aver finito il suo racconto, Oyuki si rivelò al marito, confessando che la donna apparsa quella notte era proprio lei, una yuki-onna. La donna si ricordava bene della promessa fatta all'uomo, ma decise di non ucciderlo per amore dei suoi figli. Oyuki però si sciolse e nessuno la rivide più.

Come abbiamo visto, la yuki-onna può essere vista come uno spirito cattivo, o come uno benevolo. Le leggende che la riguardano si dividono in quelle in cui uccide umani senza pietà, congelandoli e quelle in cui si innamora di uno di loro. Non invecchiando mai, però, i mariti si rendono conto chi hanno sposato e le abbandonano.

Tendenzialmente questo spirito è sempre stato rappresentato come malevolo e solo a partire dal XVIII secolo ha cominciato ad essere visto con tratti più umani.

Alcuni pensano che la yuki-onna sia lo spirito di una donna morta assiderata.

Yuki Onna. Illustrazione tratta dallo *Hykkai Zukan*

Capitolo 2

CREATURE SOPRANNATURALI O DEMONI

Queste creature soprannaturali, a volte definite demoni, sono di solito degli animali che si sono trasformati. Possono essere maligni o portare fortuna e possono, a volte, apparire sottoforma di essere umano per ingannare le proprie vittime.

Bakeneko

Il bakeneko è uno yokai giapponese e il suo nome significa letteralmente "gatto mostro". Questa creatura soprannaturale presenta molte delle caratteristiche del gatto comune.

Una delle credenze circa il bakeneko è che ami leccare l'olio delle lampade orientali e che quando lo faccia, qualche strano accadimento succederà alla persona che lo vede. Questa credenza nasce dal fatto che a volte i gatti leccavano davvero l'olio delle lampade che spesso era costituito da olio o grasso di sardine o di altri pesci, usato perché molto economico.

E proprio un gatto ritto sulle zampe posteriori, intento a leccare l'olio dalla lampada, con il muso illuminato potrebbe aver dato luogo alla leggenda di un gatto trasformato in yokai.

Infatti si pensa che un gatto si trasformi in bakeneko una volta raggiunta una certa età. In seguito inizierebbe la sua trasformazione camminando sulle zampe posteriori e cominciando a crescere, sviluppando poteri sovrannaturali, fino a raggiungere anche le dimensioni di un uomo adulto.

Il bakeneko di Nabeshima

Nabeshima Mitsushige (1632-1700) era il *daimyo* (signore feudale) del Dominio di Saga e stava giocando a go con il suo servo, Ryuzoji Matashichiro.

Ryuzoji non riuscì a compiacere il suo padrone e venne mandato a morte.

La madre di Ryuzoji, raccontò il suo dispiacere al suo gatto e poi si suicidò. Il gatto leccò il suo sangue e divenne un bakeneko, poi andò nel castello di Nabeshima per tormentarlo ogni notte. Uno dei servi di Nabeshima riuscì a uccidere il bakeneko, liberando il suo padrone.

Il gatto come yokai appare in testi scritti già nel periodo Kamakura (1185-1333). Alcuni gatti vengono descritti come creature che compiono azioni strane e sospette e viene avanzata l'ipotesi che, forse, sono dei gatti che si sono trasformati in demoni.

Secondo la leggenda il bakeneko sarebbe in grado di cambiare forma, spesso trasformandosi anche in umano e persino nel proprio padrone. Può mangiare cose molto più grandi di lui e può arrivare ad inghiottire o a uccidere il suo padrone per poi prenderne la forma e vivere come lui. Se non lo uccide può comunque portar grandi sfortune o maledizioni. Sono soliti appiccare fuoco alle case e a volte possono rianimare dei cadaveri freschi, usandoli come se fossero marionette per i loro scopi.

Bakeneko. Illustrazione di Yosa Buson

Jorogumo

Secondo la leggenda, il jorogumo è un ragno che può crescere fino ad assumere le dimensioni di un uomo, trasformandosi spesso in una bellissima donna. Il suo nome significa "la sposa che avvolge", chiaro riferimento alla ragnatela, ma questo nome è piuttosto recente; il primo nome del jorogumo significava invece "ragno prostituta".

La leggenda vuole che un ragno, una volta raggiunta una certa età, proprio come nel caso del bakeneko, si trasformi in uno yokai e inizi a crescere notevolmente.

Una leggenda del periodo Edo racconta di un uomo che viene attirato in una capanna da una bellissima donna. Una volta nella sua dimora, la donna inizia a suonare il liuto e non appena l'uomo si distrae, la donna, che in realtà è un jorogumo, lo avvolge nella sua tela per poi divorarlo.

La ragnatela delle cascate

Una leggenda che ha per protagonista il jorogumo ha come teatro le Cascate Joren a Izu, Shizuoka.

Un uomo stava riposando ai piedi della cascata quando i suoi piedi vennero legati da moltissimi fili di ragnatela. L'uomo tagliò le ragnatele e le legò al ceppo di un albero che poco dopo venne sradicato e venne trascinato in acqua. Dopo questo episodio, gli abitanti del villaggio vicino cominciarono ad aver paura di avvicinarsi alla cascata e non vi si avventurarono più. Un giorno però un taglialegna proveniente da un altro villaggio, ignaro della disavventura del primo uomo, andò a tagliare legna vicino alla cascata. A un certo punto l'ascia finisce accidentalmente in acqua e il taglialegna si tuffa per riprenderla. All'improvviso apparve una bellissima donna che gli ridiede l'ascia, facendogli promettere di non parlare a nessuno del loro incontro. Il taglialegna mantenne la sua promessa, ma un giorno, mentre era ubriaco, raccontò il suo segreto. Dopodiché si addormentò per non risvegliarsi mai più.

In una variante della leggenda, il taglialegna si innamora del jorogumo.

Il taglialegna, dopo il suo incontro con il jorogumo, se ne innamorò e tornò ogni giorno per rivederla. Ogni giorno che passava però, l'uomo diventava sempre più debole. Un monaco di un tempio vicino cominciò a sospettare che l'uomo potesse avere a che fare con un jorogumo e un giorno accompagnò il taglialegna alla cascata. Cominciò a recitare dei sutra e all'improvviso delle ragnatele cominciarono a cercare di avvolgere il taglialegna. Grazie alle preghiere del monaco, però, non ci riuscirono e sparirono.

L'uomo capisce che la donna di cui si era innamorato era in realtà un jorogumo, ma non riesce a dimenticare il suo amore per lei. Dopo qualche giorno ritorna quindi alla cascata, da solo, dove viene catturato dalla ragnatela che lo fa cadere in acqua, da cui non riemergerà mai più.

Jorogumo come protettrice dall'annegamento

Nonostante il jorogumo cerchi di fare annegare le sue prede, una leggende vede questo yokai come protettrice.

A Kashikobuchi, nella Prefettura di Miyagi, si narra di un taglialegna i cui piedi vengono imprigionati da alcune ragnatele. Proprio come nella prima versione della leggenda, l'uomo se ne libera e le lega a un ceppo, che successivamente viene trascinato in acqua. Non appena il ceppo cade in acqua, il taglialegna sente una voce che dice "Kashikoi, kashikoi" (Che astuto, che astuto).

Proprio a causa di questo episodio, l'area in cui sarebbe accaduto il fatto prende il nome di Kashikobuchi che significa "abisso astuto". A Kashikobuchi il jorogumo è quindi venerato come una dea che protegge le persone dall'annegamento e nella zona sono stati eretti un monumento e un Torii, il tradizionale portale d'accesso giapponese che si trova prima di un'area sacra.

Origine della leggenda

La leggenda del ragno come yokai nasce probabilmente da una specie di ragno che si trova in Giappone, del genere Nephila, chiamato anche "ragno dalla seta dorata" a causa del colore della sua ragnatela.

Le femmine di questa specie possono raggiungere i 5 cm di lunghezza, zampe escluse, e gli esemplari più grandi possono catturare e uccidere persino dei piccoli volatili. La loro dimensione aumenta con il passare degli anni, e proprio per questo si pensava che una volta raggiunti i 400 anni potessero raggiungere le dimensioni di un essere umano e che per sopravvivere dovesse mangiare prede più grandi, come gli esseri umani.

Kamaitachi

Con il termine kamaitachi si descrive un essere soprannaturale che assume la forma di una donnola che ha delle falci al posto delle unghie. I kamaitachi arriverebbero trasportati dai cosiddetti "diavoli di sabbia", una specie di piccola tromba d'aria che solleva un cono di polvere.

Queste creature sono responsabili di provocare tagli sugli arti degli uomini che però non causerebbero dolore. La ferita, infatti, inizia a sanguinare un po' di tempo dopo essere stata inferta, iniziando anche a sanguinare copiosamente.

Di solito i kamaitachi attaccano tre alla volta: il primo ferisce la vittima alle gambe, facendola cadere, il secondo provoca molte altre ferite e il terzo le cura istantaneamente, in modo che la vittima non si accorga di niente e pensi di essere solamente inciampata e caduta.

Non si conosce l'origine del nome di questi yokai, ma si pensa che sia nato da un gioco di parole: *kamae tachi*, infatti, sarebbe una delle posizioni usate durante il combattimento con la spada.

Esistono varie versioni di cosa un kamaitachi farebbe o non farebbe, a seconda delle diverse zone del Giappone. Una correlazione fra molte di queste versioni è però il calendario.

In alcune versioni viene riportato che si incontreranno i kamaitachi se si calpesta un calendario, in altre si afferma che la cura per le ferite provocate dai kamaitachi sia quella di annerire un calendario col fuoco e di poggiarlo poi sulle ferite.

Nelle aree montuose della Prefettura di Kochi, invece, quando una persona viene ferita dopo avere attraversato un diavolo di sabbia si crede che sia stata ferita dallo spirito di una falce abbandonata che, col tempo, sarebbe diventato un *onryo* e cioè uno spirito che cerca vendetta.

Kamaitachi. Illustrazione di Masasumi Ryukansaijin

Kappa

Il kappa è forse una delle più famose creature del folclore giapponese. Si tratta di uno spirito che vive nelle acque di fiumi e laghi, dalle dimensioni di un bambino, che cerca di attirare la gente vicino all'acqua per poi farcela cadere dentro.

Il kappa è di solito rappresentato con il colore verde, ma esistono racconti di kappa con la pelle blu o gialla. Questa creatura presenta un becco simile a quello delle tartarughe, un guscio sulla schiena, la pelle squamosa, dita palmate e una piccola conca sulla testa che contiene acqua. Se si dovesse svuotare, il kappa perderebbe ogni forza e potrebbe persino morire a meno che non venga riempita con l'acqua dello specchio d'acqua in cui vive il kappa.

Sono di solito degli spiriti dispettosi, ma possono anche diventare amici dell'uomo, soprattutto se viene loro dato un cetriolo, il loro cibo preferito.

In alcune regioni del Giappone si usa ancora lanciare in acqua un cetriolo con inciso il proprio nome per placare i kappa e far sì che non tirino brutti scherzi.

Il kappa può essere più o meno malvagio, a seconda delle versioni e può fare degli scherzi, come spingere la gente in acqua, o arrivare ad uccidere animali e bambini o stuprare le ragazze.

Una particolarità dei kappa sta nel fatto che amerebbero molto lo *shirikodama*, una pallina presente all'interno dell'ano degli esseri umani. Un kappa cercherebbe di estrarla infilando il braccio nel sedere della sua vittima. In realtà questa credenza nasce dal fatto che i corpi delle persone morte per annegamento presentano l'ano gonfio e sporgente, facendo sembrare che qualcosa ne sia stato succhiato fuori o estratto.

Kitsune

Kitsune è una parola giapponese che significa volpe, tuttavia nel folclore questa parola è usata per descrivere uno yokai.

Secondo il folclore giapponese, ogni volpe ha la capacità di cambiare forma in quella di un umano, soprattutto prendendo le forme di una bellissima donna. Le volpi hanno fama di essere animali molto intelligenti e mantengono questa caratteristica anche dopo essersi trasformati in esseri umani. Quando invece decidono di possedere un corpo umano, entrando da sotto le unghie o, nel caso di una donna, dal seno, se il corpo in cui entrano è quello di una persona poco colta, questa diventerà temporaneamente molto intelligente. Quando si trasformano in esseri umani mantengono comunque la coda, che cercano di nascondere ma che a volte rimane visibile, facendole scoprire. Di solito si ritrasformano in volpi quando vengono ferite o quando sono spaventate, per poter scappare via.

I kitsune sono famosi per giocare brutti scherzi alla gente e sono molte le leggende che le vedono come protagoniste, sia come spiriti benigni (zenko, associati al dio Inari) che maligni (yako).

Tokutaro e le volpi

Tokutaro era un giovane che non credeva affatto che le volpi avessero dei poteri. Mentre si trovava in compagnia di alcuni amici, questi lo sfidarono ad addentrarsi nella brughiera: se fosse riuscito a non farsi ingannare dalle volpi, gli amici gli avrebbero dovuto dare vino e provviste di pesce. Se però le volpi fossero riuscite a tirargli qualche brutto scherzo, allora sarebbe stato Tokutaro a dover pagare la scommessa.

Tokutaro accettò di buon grado e si avventurò nella brughiera. Subito vide sfrecciare davanti a sé una volpe, poi vide una splendida fanciulla. Questa disse a Tokutaro che si stava recando al villaggio Horikane. Dato che anche il giovane si stava recando allo stesso villaggio, decisero di fare il percorso insieme.

Tokutaro camminò dietro alla ragazza, intento a vedere se stesse nascondendo una coda. Una volta arrivati al villaggio i genitori della ragazza rimasero sorpresi quando la videro: lei era sposata e viveva in un altro villaggio.

Tokutaro ebbe così la conferma che si trattava di una volpe. Disse ai genitori della giovane che la loro figlia era in realtà lo spirito di una volpe e di nascondersi in un ripostiglio fino a che lui non l'avrebbe scacciato. Raccomandò all'anziana coppia di non uscire dal loro nascondiglio, non importa cosa avessero sentito.

Tokutaro iniziò così a picchiare la ragazza, aspettandosi che questa si trasformasse in volpe e scappasse via. La gettò a terra e la picchiò selvaggiamente, ignorando le sue grida disperate di aiuto. Dato che si ostinava a non trasformarsi in volpe, Tokutaro decise di bruciare la ragazza.

I genitori, inorriditi, uscirono dal loro nascondiglio, ma ormai era troppo tardi. La loro figlia era stata bruciata viva. L'anziana coppia denunciò allora il giovane per omicidio, invocando la sua morte.

In quel momento passava di lì un monaco, che ascoltò ciò che era successo e chiese ai genitori se avessero perdonato il giovane se lui si fosse fatto monaco. I genitori, dopo qualche attimo di riflessione accettarono e il monaco iniziò a radere il capo di Tokutaro per iniziarlo alla vita monastica.

Tokutaro si stava sentendo sollevato dal fatto di avere avuta salva la vita, quando d'un tratto sentì delle risa. Si svegliò di soprassalto ritrovandosi nella brughiera con delle volpi che gli stavano radendo il capo.

Tokutaro era stato vittima di uno scherzo delle volpi e aveva così perso la sua scommessa.

Inari esaudisce le preghiere di una donna

Molti anni fa, una donna si trovava nel tempio dedicato a Inari e pregava il dio affinché potesse farle avere un figlio. La donna e suo marito, infatti, erano sposati da alcuni anni ma non riuscivano a concepire.

Alla fine della sua preghiera le statue di volpi presenti nel tempio mossero la coda e iniziò a nevicare. La donna vide questo come un buon presagio e si avviò verso casa. Sulla porta di casa trovò un mendicante, che chiedeva un aiuto. La donna entrò in casa e preparò per l'uomo un piatto di riso, l'unica cosa che la sua umile condizione poteva permettersi.

Il giorno dopo il marito della donna trovò il piatto di fronte al tempio e nove mesi dopo, finalmente, la coppia ebbe un bambino. Il mendicante altri non era che il dio Inari che aveva deciso di ricompensare la donna dandole ciò che tanto desiderava.

Mujina

Mujina è una parola che anticamente indicava il tasso. Nel giapponese moderno, il tasso è chiamato *anaguma* e si usa il termine mujina solo quando ci si riferisce a uno yokai.

I mujina hanno molti punti in comune con i kitsune: sono animali che possono cambiare forma, scegliendo spesso quella di una bellissima donna per provocare guai fra gli umani. A volte invece, di notte, prendono la forma di un ragazzino per poi ballare nelle strade. Se vengono scoperti, si trasformano subito in normali tassi e fuggono via.

Altre volte si trasformano in un umanoide che ha però la particolarità di non avere lineamenti sul viso, presentando solo una faccia vuota che terrorizza qualsiasi umano che la dovesse vedere.

I mujina sarebbero però anche degli amanti degli scherzi.

La teiera miracolosa

Un giorno, un monaco del tempio Morinji decise di prepararsi un tè. Prese dunque la sua vecchia teiera, la preparò e la mise sul fuoco. Non appena ebbe toccato il fuoco, alla teiera spuntò una testa da tasso, quattro zampette e una codina. Sorpreso, il monaco chiamò i novizi per mostrare loro quella straordinaria scena. Il tasso correva e correva per la stanza, ma alla fine i monaci riuscirono a catturarlo e a metterlo in una scatola.

Proprio quel giorno, un calderaio ambulante passava vicino al tempio e il monaco decise di vendergli la sua teiera magica, senza però rivelarne il segreto.

Dopo aver contrattato un po' sul prezzo, il calderaio comprò la teiera e, contento per l'affare, se ne tornò a casa. Quella stessa notte, mentre stava dormendo tranquillo, il calderaio venne svegliato da alcuni rumori. Svegliatosi, trovò nella sua stanza la teiera che aveva comprato che presentava, però, testa, zampe e coda da tasso.

Quando il giorno dopo l'uomo ebbe raccontato l'accaduto ai suoi amici, questi gli dissero che poteva arricchirsi con quella strana creatura. Avrebbe potuto farla esibire in spettacoli ambulanti, facendogli fare qualche trucco come ad esempio camminare sulla corda.

L'uomo decise di provare e riscosse davvero un grande successo. L'umile calderaio divenne ricco e decise di riportare la teiera magica al tempio in cui l'aveva comprata. Una volta giunta al tempio, la teiera venne venerata come prezioso tesoro.

Mujina. Illustrazione di Sekien Toriyama

Nure Onna

La Nure Onna è una creatura acquatica simile a un lungo serpente, che presenta però un volto di donna e, spesso, anche delle braccia umane. Ed è proprio grazie al suo volto che riesce ad attirare ignari bagnanti e marinai in acqua, dove successivamente li soffocherà fra le sue spire per ucciderli e mangiarli.

Come spesso accade con le creature mitologiche, le descrizioni della Nure Onna non sono sempre uguali. Si dice però che il suo corpo da serpente sia lungo circa 300 metri e che abbia il volto di una bellissima donna con lunghi capelli neri.

Il suo habitat naturale è l'acqua e questa creatura può essere trovata in mari, fiumi o persino stagni. Spesso viene vista portare con sé un fagotto che spesso i passanti scambiano per il suo bambino. Se si offrono di aiutarla, la Nure Onna darà il fagotto ai passanti. Questi si rendono conto che non si tratta di un bambino, ma è già troppo tardi: il fagotto diventa sempre più pesante impedendo alla vittima di scappare. La Nure Onna approfitta così per usare la sua lingua e succhiare tutto il sangue del povero sventurato.

Oni

Gli Oni sono forse le creature soprannaturali più caratteristiche del Giappone. Il loro nome viene di solito tradotto come "diavolo" o "demone" oppure "troll". Gli Oni vengono descritti in varie maniere, ma in tutte le versioni sono molto alti e presentano delle zanne enormi e vari corni.

Sono di colore blu o rosso e un Oni viene generato quando un uomo molto malvagio muore: quest'ultimo, arrivato all'inferno, verrà trasformato in questa creatura demoniaca dai denti aguzzi. Alcuni Oni rimangono all'inferno, mentre altri tornano sulla terra, spesso mascherati, per uccidere e divorare esseri umani. Quando invece un uomo è estremamente malvagio, si trasforma in Oni quando è ancora in vita e inizia a tormentare gli umani.

Nel folklore giapponese sono ancora vive tradizioni e feste in cui si scacciano gli Oni. Durante la festa Setsubun, è tradizione gettare germogli di soia fuori dalla propria abitazione, recitando la formula "Oni esci fuori, benedizione vieni dentro".

Nonostante però siano nati come esseri malvagi e negativi, oggigiorno sta prendendo sempre più piede una visione più positiva degli Oni, che li ritrae come portafortuna.

Per ora entrambe le caratteristiche di malvagità e portafortuna coesistono nel folklore giapponese.

Tengu

I tengu sono delle divinità giapponesi che prendono il nome dalla divinità cinese dalle sembianze canine, Tiangou. Sono degli esseri spirituali classici e vengono menzionati per la prima volta in uno scritto dell'anno 720.

Inizialmente questi demoni erano rappresentati come uccelli rapaci con un grande becco. Col passare del tempo, verso il XIV secolo, il becco è andato via via trasformandosi in un naso umano sproporzionato e oggi i tengu sono rappresentati con un naso lunghissimo.

Sin dalle prime storie che li vedono come protagonisti, i tengu sono descritti come esseri che odiano il Buddhismo e che cercano di ingannare i credenti o di possederli.

Si trasformano in tengu coloro che, essendo buddhisti, non possono andare all'inferno, ma che allo stesso tempo non possono nemmeno andare in paradiso a causa dei loro cattivi principi. Di solito infatti i tengu erano visti come gli spiriti delle persone arroganti e orgogliose.

Con il passare del tempo, come spesso è accaduto anche con altri spiriti, i tengu hanno perso una parte della loro connotazione negativa. A partire dal XVII secolo questi esseri vengono visti come protettori del buddhismo, piuttosto che come suoi nemici.

Dalla tradizione orale ci sono pervenuti alcuni racconti umoristici con protagonisti dei tengu che rimangono vittime dei raggiri degli umani.

Il tengu e il mantello dell'invisibilità

Un esempio è quello del racconto di un bambino che guarda all'interno di una canna di bambù a mo' di cannocchiale e finge di poter vedere a una grande distanza. Un tengu, incuriosito, gli propone di scambiare la canna di bambù con il suo mantello dell'invisibilità. Il bambino accetta e inizia a fare scherzi agli abitanti del suo villaggio grazie al mantello avuto dal tengu.

Un'altra versione vede come protagonista un uomo che inganna un tengu e riesce a farsi dare il suo mantello dell'invisibilità. Anche lui inizia a fare scherzi agli abitanti del villaggio, fino a che il tengu non riesce a riavere il suo mantello e punisce l'uomo trasformandolo in un lupo.

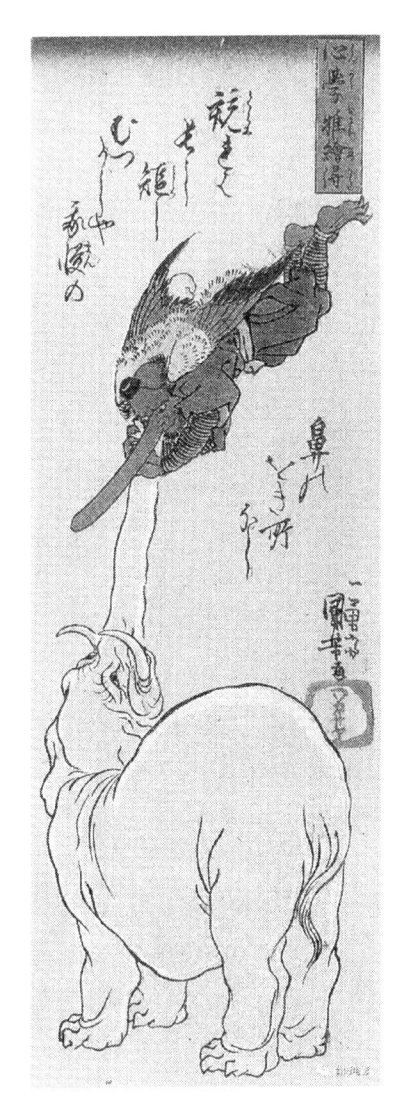

Tengu. Illustrazione di Utagawa Kuniyoshi

Capitolo 3

ALTRE LEGGENDE

In questo capitolo troverai invece alcune leggende classiche giapponesi che non hanno però per protagonista nessuna delle creature precedentemente menzionate

La campana e il Karma

Nella città di Hidaka vi era una casa da tè, vicino a una collina chiamata "L'Artiglio del Drago", in cui dimorava una ragazza bellissima, Kiyo.

Vicino alla casa da tè vi era un fiume e al di là del fiume vi era un monastero buddhista con un campanile, al cui interno era presente una campana pesante diverse tonnellate. I monaci che vivevano all'interno del monastero una vita semplice, senza mangiare carne né pesce, senza mai bere sakè e con il divieto di entrare nella casa da tè per preservare la loro spiritualità.

Un giorno un monaco stava tornando al monastero, quando vide nel giardino della casa da tè la splendida Kiyo. Rimase ad ammirarla, ma resistette all'impulso di entrare nel giardino. Invece, tornò al tempio dove si coricò.

La notte era calata, ma il monaco non riusciva a prendere sonno pensando a Kiyo e nemmeno le preghiere riuscivano a distoglierlo dal suo pensiero. Il suo amore per Kiyo si fece così ardente che decise di infrangere le regole del monastero ed entrò nella casa da tè.

Andò a trovare Kiyo diverse notti e anche lei ricambiava il suo amore. Passarono insieme delle notti di passione, ma col passare del tempo il monaco iniziò a pentirsi. Pensò che quello che stava facendo andava contro i suoi principi e decise di non vedere più Kiyo.

Cercò di dare la notizia alla ragazza in modo delicato e lei pianse e si disperò, cercando di farlo tornare da lei. Ogni notte si faceva sempre più bella e provocante per tentare il monaco, ma sembrava che questi avesse preso la sua decisione.

Kiyo, infuriata, decise allora di vendicarsi. Si recò all'altare del dio Fudo, dove pregò e chiese che il dio le desse la forza per uccidere il monaco. Dopodiché la ragazza si recò a un altro tempio, dove chiese al dio Kompira di insegnarle la magia per potersi trasformare in un serpente per poter così uccidere il monaco.

Lì apprese le arti magiche, poi tornò alla casa da tè. Il monaco andò a visitarla e lei lo pregò ancora di tornare ad essere il suo amante. Il monaco rifiutò, dicendo che quello sarebbe stato il loro ultimo incontro. Kiyo allora si infuriò e iniziò la sua vendetta.

I suoi occhi diventarono come quelli di un serpente; il monaco, spaventato, corse fuori dalla casa da tè e tornò al tempio, dove si nascose sotto alla campana. Kiyo alzò allora la sua bacchetta magica, mormorò delle parole magiche e il suo viso si trasformò in quello di un drago-serpente, sibilando e sputando fuoco.

Uscì anche lei dalla casa da tè e si diresse al campanile del monastero. Il suo peso fece crollare le colonne che lo sostenevano e la campana crollò a terra, con il monaco imprigionato al suo interno.

Kiyo, trasformata in drago-serpente, saltò sulla campana e la strinse forte, facendola surriscaldare. La strinse così forte che il metallo divenne incandescente e iniziarono a sentirsi le urla del povero monaco. Pian piano le urla cessarono e il metallo si scaldò così tanto da liquefarsi.

Il potere del Karma aveva distrutto sia il corpo del monaco sia quello del terribile mostro in cui si era trasformata Kiyo.

La Dama Bianca e La Dama Gialla

Molto tempo fa, in un prato, erano nati due crisantemi, uno vicino all'altro. Un giorno un vecchio giardiniere passò di lì e rimase colpito dalla bellezza della Dama Gialla. Le disse che se fosse andata con lui, l'avrebbe resa ancora più bella e le avrebbe dato cibo raffinato e bei vestiti. La Dama Gialla fu talmente felice di quella proposta che accettò subito, dimenticandosi della sua sorella bianca. Il giardiniere la portò quindi con sé e la mise nel suo giardino.

La Dama Bianca iniziò a piangere disperatamente: non solo la sua bellezza non era stata apprezzata, ma era rimasta sola.

La Dama Gialla iniziò a diventare ogni giorno più bella e nessuno avrebbe detto che si trattava di un fiore di campo. Ogni tanto però, pensava alla sua sorella bianca e si chiedeva come se la cavasse da sola nel prato.

Un giorno il capo di un villaggio andò dal vecchio giardiniere, chiedendo un semplice crisantemo bianco per poter realizzare lo stemma del suo signore. Il vecchio giardiniere gli mostrò orgoglioso la Dama Gialla, ma il capo del villaggio la rifiutò:

non voleva un bel crisantemo con molti petali, ma un semplice crisantemo bianco con 16 petali. Ringraziò così il giardiniere e se ne andò.

Sulla via del ritorno passò per il prato in cui si trovava la Dama Bianca e la sentì piangere. Sconsolata, la Dama Bianca gli raccontò la sua storia e l'uomo le disse che aveva appena visto la Dama Gialla, ma che questa non era bella nemmeno la metà di quanto lo fosse lei.

La Dama Bianca smise di piangere e si rallegrò. L'uomo le disse che l'avrebbe messa sullo stemma del suo signore e la portò al palazzo del Daimyo. Lì, artisti da ogni parte del regno vennero per ritrarla e in poco tempo ogni oggetto del palazzo riportava un'immagine della Dama Bianca. Tutti erano d'accordo nel dire che il crisantemo bianco era lo stemma più bello del Giappone.

La Dama Gialla, invece, un giorno si accorse che la sua bellezza stava svanendo. Sentì la vitalità cessare nel suo corpo e la testa le si piegò in avanti. Quando il giardiniere la vide, la prese e la gettò nella spazzatura.

Lo specchio e la campana

Quando i monaci del tempio di Mugenyama vollero costruire una campana da mettere nel loro campanile, chiesero alle donne dei villaggi vicini di donare i loro specchi. Gli specchi, realizzati in bronzo, sarebbero poi stati fusi per ricavare il metallo con cui creare la campana.

Tutte le donne donarono volentieri i loro specchi; tutte tranne una. Questa donna, moglie di un contadino, dopo aver donato il suo specchio se ne pentì immediatamente. Continuava a pensare che quello specchio aveva visto i suoi riflessi, le sue risate e i suoi pianti, così come quelli di sua madre e di sua nonna.

Ogni volta che la donna andava al tempio, vedeva il suo specchio in un grande mucchio, riconoscendolo grazie alla decorazione presente sul retro. Ogni volta che lo vedeva, la donna bramava di riprenderlo, allungando le mani e sottraendolo al mucchio in cui giaceva.

Quando venne il momento di fondere tutti gli specchi, i monaci si resero conto che uno di essi non si fondeva. Subito capirono che il motivo era che la persona che l'aveva donato l'aveva fatto malvolentieri. La voce si sparse in fretta e altrettanto in fretta gli abitanti del villaggio scoprirono di chi fosse lo specchio.

La moglie del contadino, piena di vergogna, decise di suicidarsi buttandosi nel fiume. Prima di compiere il gesto estremo, però, scrisse in una nota che, una volta morta, lo specchio si sarebbe immediatamente fuso. Aggiunse anche che il suo spirito avrebbe donato grandi ricchezze a colui che, facendo suonare la campana, l'avesse rotta.

Dopo che la donna morì lo specchio si fuse immediatamente. Tutti gli abitanti del villaggio erano al corrente delle ultime parole della donna e si recavano spesso al tempio per suonare con forza la campana.

Il rumore era diventato talmente insopportabile che i monaci furono costretti a togliere la campana e a buttarla in uno stagno, dove rimase nascosta a tutti.

La farfalla bianca

Molto tempo fa un uomo di nome Takahama viveva da solo in una casa vicino a un cimitero. Era una persona molto gentile, ma i suoi vicini lo definivano a volte un po' pazzo. Questo perché l'uomo non si era mai sposato e non aveva mai voluto contatti intimi con alcuna donna.

Un giorno Takahama si ammalò e divenne così debole da far chiamare sua cognata e il figlio di quest'ultima affinché lo assistessero nei suoi ultimi attimi di vita.

Una volta arrivati vegliarono il povero Takahama, fino a che questi si addormentò. All'improvviso una farfalla bianca entrò in casa e si posò sul cuscino dell'uomo. Il giovane nipote la scacciò diverse volte, ma la farfalla continuava ad entrare. Il giovane decise allora di cacciarla fuori dalla casa, fuori dal giardino fino al cimitero. Lì la farfalla si posò su una tomba molto vecchia, ma con molti fiori e con i vasi pieni d'acqua.

Il nipote di Takahama si fermò a leggere la tomba, che recava il nome "Akiko", morta a 18 anni. Una volta tornato a casa, la madre gli diede la notizia che lo zio era morto.

Più tardi il giovane le raccontò cosa aveva visto nel cimitero e la madre gli raccontò una storia.

Quando era giovane, suo zio Takahama doveva sposarsi con una giovane di nome Akiko. La ragazza però morì prima del matrimonio e il promesso sposo giurò che non si sarebbe mai più sposato. Decise quindi di vivere vicino al cimitero per visitare la tomba della sua promessa sposa ogni giorno.

E così fece, visitando Akiko ogni giorno e portandole fiori freschi. La farfalla che si era posata sul suo cuscino era l'anima di Akiko venuta ad accoglierlo nel regno dei morti per poter stare finalmente insieme.

Fonti:

Myths and Legends of Japan di F. Hadland Davis

Tales of Old Japan di A.B. Mitford

yokai.com

wikipedia.com

Illustrazioni:

Le illustrazioni presenti in questo e-book sono di artisti giapponesi e sono, secondo la legge Giapponese, considerati di pubblico dominio.

La copertina è un'illustrazione di Freepik

Printed in Poland
by Amazon Fulfillment
Poland Sp. z o.o., Wrocław